AF227177

M. LE DUC D'AUMALE

REPRÉSENTANT DU PEUPLE

PAR

A. VINCENT

Avocat à la Cour d'appel.

EN VENTE

CHEZ A. LÉVÊQUE, LIBRAIRE-ÉDITEUR, RUE DU CHATEL

A BEAUVAIS

et chez les principaux Libraires du département.

1872.

M. LE DUC D'AUMALE

Représentant du Peuple.

———

Au moment où commence une nouvelle année, c'est pour nous un devoir de jeter un regard sur celle qui vient de s'écouler, de voir ce que, dans cette année, nous avons fait pour notre pays, d'apprécier ce qu'a fait pour lui chacun de ceux auxquels, il y aura bientôt un an, notre libre choix et notre souveraine volonté ont, au milieu des circonstances les plus critiques peut-être de notre histoire, confié l'importante mission de présider aux destinés de notre patrie.

Parmi nos représentants, et en particulier parmi ceux de notre département (1), il en est un qui, par l'illustration de sa naissance, par les espérances et les craintes qu'il a fait naître, par le bruit même qui, il y a peu de jours, s'est fait autour de son nom, appelle sur lui notre attention et

———

(1) Du département de l'Oise auquel appartient l'auteur.

notre examen. Je veux parler de M. le duc d'Aumale. Sa conduite a donné lieu à des interprétations diverses ; il a été l'objet des flatteries et des attaques les plus passionnées, et tandis que des membres de l'Assemblée nationale étaient assez oublieux de leur devoir et de leur dignité de représentants pour se faire les courtisans d'un prince, les républicains, à la vue de ces intrigues, craignant pour la République une seconde édition de 1852, ont vu en lui non plus un député, mais un ennemi, un prétendant.

Les louanges et les attaques qui ont accueilli l'élection de M. le duc d'Aumale nous paraissent également exagérées ; les espérances et les craintes qu'il inspire sont, nous l'espérons, également chimériques. Sous la République, qui est aujourd'hui pour nous le régime de fait et le régime de droit : le régime de fait, puisque, dans les désastres que nous venons de traverser, la nation a dû forcément et fatalement reprendre en mains la direction de ses propres affaires, et que l'administration et le gouvernement du pays sont maintenant confiés à une Assemblée qui, quelques soient les secrets désirs et les secrètes ambitions d'une trop grande partie de ses membres, n'en est pas moins la représentation temporaire et responsable du pays ; le régime de droit, puisque cette Assemblée qui a sanctionné la déchéance de la dynastie impériale, a, obéissant à la force des choses, par le titre même qu'elle a donné par deux fois au chef du pouvoir exécutif, légitimé et légalisé en quelque sorte la République, que lors de sa réunion elle avait trouvé existante. Sous la République, dis-je, nous, républicains, nous ne devons pas oublier que ce gouvernement du peuple par le peuple et pour le peuple a pour base le principe de l'égalité, repose sur le sentiment de la justice et du droit. Que ceux dont les mesquines ambitions attendent tout d'une restauration, que ceux dont la faiblesse du caractère s'irrite d'un régime où les citoyens font eux-mêmes leurs propres affaires, dont la petitesse de l'âme s'effraye de la liberté dont ils ne peuvent comprendre les avantages et la dignité, hommes de toutes les faiblesses et de toutes les abdications, toujours prêts à se se courber devant un maître, que ceux-là, parce qu'ils s'abaissent devant un prince, s'imaginent le grandir au-dessus de leurs concitoyens, nous le regrettons, mais nous ne le comprenons que trop! Nous qui pensons que les seules choses qui puissent élever un homme au-dessus de ces concitoyens, ce sont la fermeté et la dignité du caractère, les services rendus à la patrie, les fonctions publiques dont l'a investi la confiance de ses concitoyens, nous ne devons point, nous n'avons point le droit par des attaques trop passionnées, par des craintes exagérées et souvent injustes, de donner à des princes une importance que dans une République ils ne sauraient avoir: quelque soit leur naissance et quelque soit leur fortune, ils ne sauraient être pour nous que des égaux et des concitoyens. Si nous avons le devoir, le jour où elle se montre, de réprimer toute ambition coupable ; si nous ne devons pas hésiter à les faire rentrer sous le niveau de la loi commune, si par hasard ils tentaient d'en sortir, les traiter aujourd'hui en prétendants, ce serait donner dans le piège où la réaction nous voudrait attirer, et créer nous-même pour le gouvernement actuel le danger qu'elle désire. Ce n'est point par sa naissance, par les actes de son père que nous devons juger **M.** le duc d'Aumale, mais par sa propre conduite et par ses propres actes, et si cette conduite et ses actes en font pour nous un adversaire, nous ne lui en devons que plus justice et impartialité.

Si sa naissance, les traditions de sa famille et le milieu même dans lequel s'écoule son existence peuvent nous faire craindre son ambition, nous ne devons pas non plus oublier sa noble conduite de 1848, la dignité de son exil, sa patriotique démarche auprès du Gouvernement de la Défense nationale. Ce passé est loin de nous montrer chez lui l'homme des entreprises éhontées, des agitations malsaines et des basses intrigues, contre lequel aucune précaution n'eut été superflue, et auquel cependant la France, trompée, a, dans des jours d'égarement, sacrifié sa fortune, sa puissance et jusqu'à son honneur.

Nous n'avons pas le droit de scruter les sentiments personnels de M. le duc d'Aumole, nous ne croyons pas au prétendant, et quant aux menées du parti orléaniste la loi commune nous suffit contre lui. Mais M. le duc d'Aumale est député : le mandat qu'il a sollicité et que nos votes lui ont confié, et par l'acceptation et la recherche duquel il a semblé reconnaître en même temps que le principe de la souveraineté populaire celui de l'égalité de tous devant la loi, nous a donné le droit et nous a imposé le devoir de juger aujourd'hui sa conduite et ses actes.

Il y aura bientôt un an que M. le duc d'Aumale est membre de l'Assemblée, qu'il est notre mandataire. Qu'a-t-il fait pour le pays pendant l'année qui vient de s'écouler ? Les électeurs ont besoin de le savoir : ils ont le droit et le devoir d'apprécier si, pendant cette année, il a ou non mérité la confiance qu'ils avaient mise en lui.

Lors des élections générales, au mois de février 1871, deux quetions de la plus haute importance partageaient les candidats et les électeurs. La question de paix ou de guerre passionnait tous les esprits, et derrière cette question l'on pouvait prévoir la question constitutionnelle, question non moins importante pour l'avenir de notre pays. La circulaire de M. le duc d'Aumale n'avait point fait connaître son opinion sur ces deux questions alors capitales.

Si le silence du candidat pouvait nous étonner, on espérait que les actes de l'élu remplaceraient ses paroles et ses promesses absentes, que son attitude et ses votes dans l'Assemblée affirmeraient nettement sa politique et proclameraient bien haut ses principes et ses convictions. Il n'en devait rien être. Le vague de la circulaire a semblé dominer toute la conduite du représentant. Nous n'avons jamais su s'il était ou non pour la paix aux conditions où notre implacable vainqueur nous l'a imposée, nous ne savons pas encore avec certitude s'il accepte, avec les principes de la République, le gouvernement actuel, ou s'il rêve encore pour sa famille la restauraration d'un trône.

Ces choses-là, cependant, nous avons besoin, nous avons le droit de les savoir. Nous avons le devoir de connaître comment et dans quels intérêts notre représentant et notre mandataire entend remplir la mission que nous lui avons confiée, user du pouvoir que nous avons remis entre ses mains. Nous ne voulons pas juger de l'avenir par le passé, car si nous agissions ainsi nous aurions trop à nous plaindre.

Dans l'année qui vient de s'écouler, M. le duc d'Aumale, nous examinerons tout à l'heure pour quels motifs, et nous verrons si ces motifs peuvent être considérés comme

une atténuation de sa conduite, M. le duc
d'Aumale, notre représentant, a été pendant de longs mois sans s'occuper des in-
térèts publics qui lui avaient été confiés,
sans remplir dans l'Assemblée nationale le
poste éminent auquel, sur sa demande,
notre confiance l'avait appelé. Et si depuis
quelques jours, à la suite d'incidents et de
discussions à tous égards regrettables, il
vient siéger à l'Assemblée, je ne sache pas
que jusqu'à présent il ait fait autre chose
que de s'asseoir au centre droit, sans concourir aux travaux et aux discussions de la
Chambre, sans même y apporter toujours
le vote qu'il nous doit.

Il est vrai qu'autour de lui semblent
s'être donné rendez-vous les ambitions et
les convoitises de la réaction; il est vrai
qu'autour de lui et sous son patronage,
patronage inconscient nous l'espérons, on
intrigue contre la République, et chaque
jour, à défaut d'une attaque pour laquelle
on sent son impuissance, on prépare
contre le gouvernement et contre l'homme
éminent que la nation a mise à sa tête, les
plus misérables taquineries. C'est dans ce
milieu qu'aux jours de deuils et de larmes,
où la guerre civile emplissait Paris de sang,
de misères et de ruines, que des Français
ont rêvé, par l'union des deux partis monar-
chiques, de jeter dans la République une
nouvelle source de divisions. On sait les
négociations qui furent alors entamées;
comment, au nom des princes d'Orléans,

des ambassadeurs furent envoyés au représentant de l'hérédité monarchique, et comment échouèrent ses tentatives de fusion devant la loyauté et la franche déclaration de M. le comte de Chambord qui avait, lui du moins, le mérite de comprendre qu'aucune transaction n'est possible entre ces deux principes si opposés : le principe de la royauté tirant d'elle-même son pouvoir et sa légitimité, et le principe nouveau de la souveraineté populaire. Il est vrai aussi que des feuilles, que l'on dit aux gages de M. le duc d'Aumale, attaquant chaque jour les principes et les hommes de la République, et s'en prenant parfois à la politique du gouvernement, cherchent à faire naître dans les esprits des désirs de restauration, et à entretenir ainsi partout les agitations et le malaise dont la réaction espère profiter. Ce n'est pas pour cela que nous avons fait de M. le duc d'Aumale notre représentant.

M. le duc d'Aumale, nous le regrettons, n'a point compris comme nous les devoirs que lui imposait la mission qu'il avait sollicitée et que le peuple lui avait confiée. La mission de représentant du peuple ne saurait en effet jamais être à nos yeux, comme certains s'efforcent de le penser et nous le voudraient faire croire, une sinécure, une charge honorifique. Ce n'est pas seulement pour honorer un citoyen, pour récompenser des services rendus, pour protester parfois contre des malheurs immérités que le

peuple souverain le nomme son représentant, c'est pour lui-même, pour ses intérêts et pour ses besoins. La dignité de représentant, la plus haute à nos yeux que
puisse ambitionner un citoyen est une
charge en même temps qu'un honneur;
elle impose de grands et rigoureux devoirs.
Chargé des intérêts de son pays, le représentant digne de ce titre doit mettre au
service de sa patrie toute son intelligence
et toute son âme. La loi, en lui donnant un
traitement, conforme en ceci aux véritables
principes démocratiques, lui montre toute
sa dépendance et tous ses devoirs vis à vis
du peuple; elle fait de lui le fonctionnaire,
l'employé salarié du souverain, c'est-à-dire
du peuple.

Veiller à préserver de toute atteinte le
précieux dépôt des droits et des intérêts de
la nation confiés à ses soins, mettre au
service de la patrie son expérience, ses lu-
mières, ses travaux et toute son âme, concourir de sa parole aux délibérations, de
son vote aux résolutions, voilà quel est
dans tous les temps le devoir du représentant d'un peuple libre. Ce devoir, les circonstances qui ont appelé M. le duc d'Aumale à l'honneur de représenter son pays
avaient encore ajouté à son importance.
La guerre si imprudemment et si injuste-
ment entreprise par l'ambition impériale et
par la coupable légèreté des députés d'alors
ravageait notre pays; il fallait y mettre un
terme par un suprême effort ou subir la

paix d'un vainqueur sans pitié comme sans justice. La révolution si nationale du 4 septembre avait jeté à terre les institutions de l'empire, et n'en avait élevé aucunes autres; le pays était à reconstituer, à réorganiser. Jamais ce ne fut pour chaque représentant un devoir plus rigoureux de faire connaître son sentiment sur toutes les importantes questions dont dépendaient la tranquillité, la grandeur et l'avenir même du pays. Chaque député avait le devoir, par sa parole ou par son vote, d'appuyer ou de combattre la paix proposée, de se prononcer sur les importantes questions constitutionnelles qui, à diverses reprises, furent soumises à l'Assemblée; de statuer sur le siége de l'Assemblée et la capitale du pays, de concourir aux lois votées sur les finances et sur l'administration communale et départementale, à celles proposées et qui pourront l'être sur l'armée, l'intendance et les divers services publics, en un mot d'apporter sa part de zèle et d'activité à la réorganisation du pays. Ce devoir, M. le duc d'Aumale ne l'a pas rempli.

Que l'on ne dise pas pour excuser cette non participation aux travaux et aux délibérations de l'Assemblée, que l'absence d'un député ne pouvait exercer aucune influence sur les résolutions de la Chambre et l'avenir du pays. Que dirait-on d'un officier ou d'un soldat qui, sous prétexte que sa personne est sans importance, que sa présence ou son absence ne pourra avoir influence sur le résultat de la bataille, s'abstiendrait de prendre part au combat ? L'exemple d'un manquement à un devoir est toujours, de quelque personne qu'il vienne, un exemple fâcheux, et s'il vient d'un représentant et d'un législateur, il peut produire les plus funestes effets, les plus déplorables résultats sur la moralité publique. Il ne serait peut-être pas juste de dire que l'absence de M. le duc d'Aumale a été à tous égards sans influence. Il n'est malheureusement que trop de représentants qui cherchent en lui leur chef, et qui attendent ses actes pour régler sur la sienne leur propre attitude. Aux jours d'incertitudes et de crises, que trop de fois nous a apportés l'année dernière, ne point siéger, laisser à ses collègues tout le fardeau des affaires publiques, c'était déserter le poste qu'il avait sollicité des électeurs. Puisqu'il a demandé cette mission de représentant, M. le duc d'Aumale doit avoir pris un parti sur les grandes et capitales questions de l'heure actuelle. Ce parti, nous avons le droit de le connaître, et c'est peut-être à nous, républicains, qui ne cessons de lutter pour l'idée démocratique, qu'il appartient, nous élevant au-dessus des intérêts secondaires de temps et de parti, affirmant les principes de la vérité et de la justice, de dire bien haut que jamais il n'est permis à un citoyen, à un représentant du peuple de se réfugier dans une indifférente neutralité, et qu'aujourd'hui surtout, quelque soit le parti que l'on ait adopté, c'est un devoir rigoureux de combattre et de lutter pour ce que l'on croit être le droit. Si instruit par l'expérience, M. le duc d'Aumale a reconnu le principe de la République; s'il est et veut être un citoyen, c'était son devoir d'affirmer nettement sa conversion, et par ses actes et sa parole de ramener à la République ses amis qui la méconnaissaient encore. Si, au contraire, obéissant aux influences si puissantes de ses traditions, de sa famille et de son entourage, il reconnaît le principe monarchique, s'il rêve une restauration, il a également manqué à son devoir en ne venant pas défendre sa cause, et en ne revendiquant pas au nom de ses électeurs, avec le régime de ses convictions, ce qu'il peut croire de l'intérêt de son pays. C'est du reste la loi elle-même qui fixe le nombre des représentants, et il ne saurait appartenir à un député, en occupant un poste dont il ne peut ou ne veut remplir les charges, de rendre incomplète la représentation de son département. En abandonnant sa mission pendant l'année qui vient de s'écouler, M. le duc d'Aumale a mal agi.

Nous savons comment M. le duc d'Aumale a déjà essayé et essayera encore de justifier sa conduite; nous savons qu'on prétendra que son absence de l'Assemblée n'a pas été volontaire, et pour répondre d'avance à ses défenseurs, nous allons examiner s'il peut ou non y avoir une atténuation de sa conduite dans les engagements qu'il a pris et dans la manière dont il les a tenus, et si son attitude à cet égard, attitude qui peut-être, nous ne le savons pas, nous ne voulons pas le savoir, était convenable pour un prince, n'a pas été contraire aux devoirs du citoyen et à la dignité du représentant.

Lors des élections du 8 février 1871, la loi de banissement, portée contre la famille d'Orléans, interdisait en droit à M. le duc d'Aumale d'être régulièrement candidat, régulièrement élu. Cette loi était mauvaise, elle était injuste, l'expérience en avait démontré toute l'inutilité, et à la République, gouvernement du droit, de la raison et de la justice, il appartenait de la faire disparaître. La validation de l'élection de M. le duc d'Aumale n'en était pas moins contestable et contestée; un certain nombre de représentants se demandaient si c'était bien le moment, au milieu des agitations et des prétentions des partis, de rouvrir les portes de la patrie à des princes qui n'avaient point attendu le retrait de la loi d'exil pour rentrer en France, et dont les partisans se livraient déjà à toutes leurs ambitions et à toutes leurs intrigues, si l'abolition de ces lois devait avoir un effet rétroactif et devait valider l'élection faite en violation de leurs dispositions. L'honorable chef du pouvoir exécutif, malgré les relations qu'il avait eu jadis avec la famille

d'Orléans, et peut-être à cause de ces relations, attribuant à la présence des princes
une trop grande importance, craignait pour
sa politique et semblait disposé à contester
la validation de leurs élections. C'est alors
que des amis des princes, se faisant leurs
ambassadeurs officieux pour applanir devant eux toute difficulté, proposèrent un
compromis, et arrivèrent à l'engagement de
ne pas siéger, engagement dont les ar-
chives de l'Assemblée nous ont conservé le
texte précis. On peut lire en effet dans les
procès-verbaux de la commission nommée
au sujet du rapport des lois d'exil, ce qui
suit :

Séance du 8 juin. — M. Pasquier rend
compte de la visite qu'il a faite aux princes...
Ils ont dit qu'ils étaient prêts à tous les sacrifices qui n'engageaient pas leur dignité. Les
bases acceptées ont été celles-ci : abrogation,
validation, engagement de ne pas siéger et promesse de n'introduire aucune nouvelle candi-
dature, ni pour eux, ni pour aucun membre de
leur famille. La convention a été rapportée à
M. le chef du pouvoir exécutif, qui a exprimé
l'intention d'annoncer à l'Assemblée cet engagement par une allusion transparente.

Grâce à ce compromis, l'élection de M. le
duc d'Aumale a été validée. Mais la question n'en est pas moins aujourd'hui de savoir s'il devait ou non participer à un sem-
blable compromis, et s'il avait droit d'être
représentant du peuple pour ne point le
représenter.

Que l'on n'invoque pas en sa faveur une pensée de conciliation, un louable désir de sauvegarder la tranquillité et la paix publique. M. le duc d'Aumale y fut arrivé beaucoup plus naturellement en ne donnant point prise aux espérances et aux craintes que ses équivoques ont fait naître, en se renfermant davantage dans son rôle de citoyen, le seul possible dans la France républicaine, et en ne laissant pas germer autour de lui tant d'agitations et d'intrigues. Le rapport des lois d'exil et la validation de son élection en eussent été plus faciles et n'eussent peut-être pas rencontré d'adversaires. Les craintes que son attitude et son entourage inspirèrent au gouvernement nous paraissent d'ailleurs de beaucoup exagérées; nous pensons qu'il devait le traiter en citoyen, et lui accordant sans hésitation les droits de chacun de nous, s'empresser d'ouvrir devant lui les portes de l'Assemblée; il n'y pouvait être que moins dangereux que dans son éloignement et son exil. Mais lui qui avait sollicité les fonctions de représentant, il n'avait pour aucun motif le droit de consentir à ne pas les exercer. Si il avait cru son éloignement de la Chambre nécessaire à la la paix publique, il y avait un moyen facile de tout concilier : donner sa démission. Libre de faire pour ce qui le concernait tous les sacrifices qu'il jugeait nécessaires, il n'avait le droit d'en faire aucun des intérêts et des droits du peuple. Dans ce compromis, seuls les droits du peuple étaient sacrifiés, M. le duc d'Aumale gardait les dignités et les honneurs, il restait représentant, mais en consentant à n'être qu'un représentant nominal, en empêchant pour ses électeurs une représentation réelle, il donnait à ses adversaires le droit de prétendre qu'il sacrifiait à ses intérêts privés les intérêts et les droits du peuple.

M. le duc d'Aumale n'a point donné sa démission : sa conduite postérieure, la manière dont il a exécuté son engagement semblent donner le droit à ses adversaires de juger sévèrement les sentiments auxquels il a obéi en le contractant.

Le département de l'Oise ne pouvait longtemps se contenter d'une représentation incomplète; M. le duc d'Aumale ne pouvait toujours rester député *in partibus*. Ce n'est pas de l'avoir compris que nous lui faisons un reproche, mais de s'être mis dans cette fausse situation, et de n'avoir su en sortir qu'en manquant à la parole donnée.

On sait comment, comme s'ils n'avaient attendu que cette occasion de revenir sur l'engagement des princes d'Orléans, leurs partisans s'emparèrent du vote de l'Assemblée sur les pouvoirs de M. Thiers, vote dont cependant la plus grande importance était l'affirmation nouvelle de la République, et comment ils agirent pour rendre aux princes les droits auxquels ils avaient renoncés. Pendant les vacances de l'Assemblée, des journaux, que l'on prétend être les organes officieux de M. le duc d'Aumale, parlèrent de son engagement, des circons-tances qui, suivant lui, le modifiaient, et annoncèrent que le représentant de l'Oise siégerait à rentrée de l'Assemblée. Ces nou-velles répétées ne furent pas sans causer une certaine agitation. La presse s'empara de l'incident, on parla de démarches faites auprès de M. le Président de la République. M. Thiers, demeurant inflexible, exigeant l'accomplissement de la promesse à lui faite, on chercha à faire annuler cet engage-ment.

Quelques jours après la rentrée de l'As-semblée, une lettre de M. le duc d'Aumale faisait connaître à ses électeurs la résolu-tion nouvelle de leur représentant. Cette lettre contenait, entre autres choses, les passages suivants :

Si j'ai, y disait-il, accepté cet engagement qui m'était demandé au nom de la paix pu-blique et dans des circonstances exceptionnelles, c'est qu'il était de nature essentiellement ré-vocable. Il y avait suspension et non suppres-sion du mandat. Il était impossible d'admettre non-seulement que vous fussiez privés d'être représentés par un des élus de votre choix, mais encore que vous fussiez condamnés sans recours à n'avoir qu'une représentation incom-plète. Si insolite que fût ma situation, elle de-vait, dans ma pensée, cesser avec l'état poli-tique qui en était la cause.

Or, ce changement s'est produit.

Affirmant son pouvoir constituant, l'Assem-blée nationale a substitué au chef du pouvoir exécutif un président de la République ; elle a défini ses pouvoirs, elle en a fixé la durée.

Du jour où cette transformation constitutionnelle s'est opérée, j'ai pensé que l'engagement devait prendre fin, qu'il me restait non pas un droit à revendiquer, mais un devoir à remplir.

Aujourd'hui que l'Assemblée nationale a repris le cours de ses travaux, je croyais pouvoir donner une réparation aux intérêts lésés de mes électeurs, défendre votre droit, messieurs, et occuper le siége auquel vous m'avez appelé.

Mais l'honorable M. Thiers, qui, comme chef du pouvoir exécutif, s'était trouvé partie à l'engagement que j'avais contracté, l'interprète autrement que moi. Or, les questions de parole et d'honneur doivent être traitées et résolues au plein jour, de façon à ne laisser de doute dans aucun esprit. J'attends donc qu'un tribunal supérieur reconnaisse que l'obstacle qui m'a jusqu'ici arrêté dans l'exercice de mon mandat n'existe plus, et j'ai tenu à vous faire cet exposé public de la conduite de celui qui a l'honneur d'être

Votre député ,

H. D'ORLÉANS.

Dans cette lettre, M. le duc d'Aumale reconnaissait lui-même que les intérêts de ses électeurs avaient été lésés. S'il avait consenti à cette lésion, c'est, disait-il, que dans sa pensée elle n'était que temporaire. Il n'avait donc pas compris que le peuple l'avait élu pour la défense constante de ses intérêts et de ses droits. Il pensait l'engagement révocable, mais la raison et notre

droit positif lui-même nous enseignent que
tout engagement ne peut être révoqué que
de la volonté de tous ceux qui y ont pris
part. M. le duc d'Aumale eût mieux fait de
dire que cet engagement était nul dès l'ori-
gine, parce qu'il dépassait ses pouvoirs,
parce qu'en même temps que ses droits et
sa dignité de représentant les intérêts et
les droits inaliénables du peuple ! Il parlait
d'un tribunal d'honneur, mais lui seul était
compétent pour cette question d'honneur
et de devoir, et le seul moyen de respecter
et sa parole donnée et les droits du peuple
était sa démission. Une nouvelle candida-
ture, une nouvelle élection n'eussent rien
changé à sa situation. Lié par sa parole, il
s'était lui-même placé dans cette alterna-
tive. Pour restituer au peuple les droits
qu'il avait abandonnés, il lui fallait ou
manquer à sa parole ou faire place à un
autre.

Le 18 mars, la question fut portée devant
le tribunal supérieur qu'invoquait M. le duc
d'Aumale. On sait quelle déclaration fut
faite par M. le ministre de l'intérieur :
« M. le Président, dit-il, n'a pas cru de
« son pouvoir de délier les princes d'un
« engagement contracté devant une com-
« mission de la Chambre et constaté devant
« l'Assemblée. En ce qui le concerne per-
« sonnellement, M. le Président renonce à
« se prévaloir de cet engagement. »

Malgré les efforts de M. Desjardins qui,
pour couvrir l'échec de son parti, fut obligé

de retirer son ordre du jour, 646 voix contre 2 terminèrent la discussion par l'ordre du jour suivant : « L'Assemblée, « considérant qu'elle n'a ni responsabilité « à avoir, ni avis à donner sur des engage- « ments auxquels elle n'a pas pris part, « passe à l'ordre du jour. » C'était une dé- claration d'incompétence. Elle parut suffire à M. le duc d'Aumale, et peu de jours après on le vit arriver au milieu d'une séance, oubliant que l'exactitude, qu'un de ses aïeux appelait la politesse des rois, est aussi la politesse et le devoir des représen- tants du peuple.

L'excuse invoquée ne saurait donc être admise. L'engagement de M. le duc d'Au- male, la manière dont il a été contracté, celle surtout dont il a été tenu, sont loin d'être une atténuation, et constituerait à nos yeux un tort et une faute. C'est bien par sa faute que M. le duc d'Aumale n'a point siégé ; placé par cette faute dans une situation équivoque, pour sauvegarder les intérêts qui lui étaient confiés, il lui fallait en sortir plus tôt, soit en faisant ce qu'il a fait, rompant un engagement qui suspen- dait des droits qu'il eût dû faire respecter, soit conciliant le respect de la parole don- née et les intérêts légitimes du peuple en donnant sa démission et en remettant ainsi entre les mains de ses électeurs la charge dont sa parole lui défendait de remplir les devoirs. Son absence est le résultat de sa volonté, elle lui est donc imputable.

Investi par ses concitoyens de la dignité de représentant du peuple, M. le duc d'Aumale n'a, dans l'année qui vient de s'écouler, rien fait pour remplir la mission que le peuple lui a confiée. Il a eu le tort, pour faciliter l'abrogation des lois qui frappaient sa famille, d'abdiquer des droits qui ne lui appartenaient pas, des intérêts qu'il avait pour devoir de défendre. Il a le tort non moins grave, ne pouvant plus par sa faute remplir son mandat, de demeurer un obstacle à l'exercice des droits et aux plus légitimes intérêts du peuple. En présence de ces faits, nous avons le droit de les lui reprocher aujourd'hui ; les électeurs ont le droit d'être mécontents de leur mandataire, de trouver qu'il a mal rempli les fonctions qui lui avaient été confiées. Nous espérons que cette année il prendra enfin part aux travaux de l'Assemblée dont il a voulu faire partie, et si nous devons avoir à critiquer en lui des paroles et des actes qui peut-être ne seront pas conformes à l'idée démocratique, nous le préférerons de beaucoup pour lui, à lui reprocher, comme nous le faisons aujourd'hui, une inaction inutile et coupable.

3 janvier 1872.

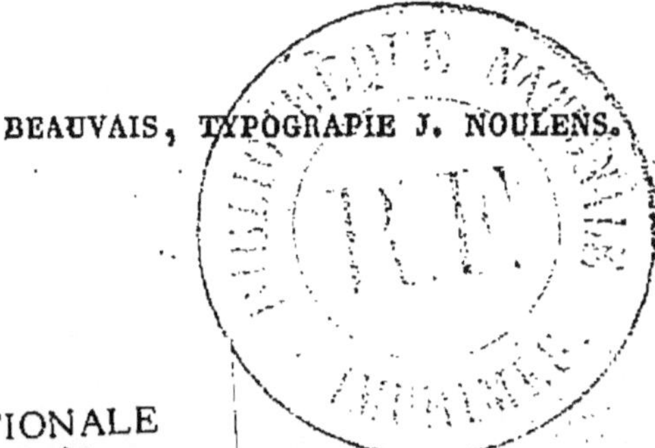